LE
BARREAU DE BORDEAUX

AVANT ET APRÈS

LE 25 NOVEMBRE 1868

EXAMEN CRITIQUE

D'UNE INJUSTIFIABLE INNOVATION

et de ses conséquences

PAR SANSAS

BORDEAUX

IMPRIMERIE CENTRALE A. DE LANEFRANQUE, RUE PERMENTADE, 23-25

LE
BARREAU DE BORDEAUX

AVANT ET APRÈS

LE 25 NOVEMBRE 1868

LE
BARREAU DE BORDEAUX

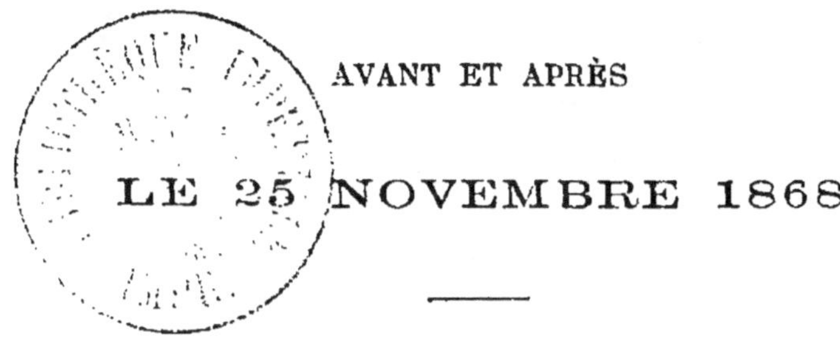

AVANT ET APRÈS

LE 25 NOVEMBRE 1868

—

EXAMEN CRITIQUE

D'UNE INJUSTIFIABLE INNOVATION

et de ses conséquences

PAR SANSAS

BORDEAUX

IMPRIMERIE CENTRALE A. DE LANEFRANQUE, RUE PERMENTADE, 23-25

LE
BARREAU DE BORDEAUX

AVANT ET APRÈS 1868

—

INTRODUCTION

—

Au moment où notre Barreau paraît abandonner, sans aucun doute, faute d'y avoir suffisamment réfléchi, une de ses plus anciennes et de ses plus belles prérogatives, celle d'une *égalité parfaite* entre tous les membres qui le composent, il importe de constater comment s'opère cette transformation et d'en discuter les motifs.

Depuis les temps les plus reculés jusques à ces dernières années, on n'avait vu figurer sur le tableau des avocats de Bordeaux aucune annotation relative aux dignités professionnelles dont quelques-uns de ses membres pouvaient avoir été revêtus.

Mais, le 25 Novembre 1868, dans la rédaction du Tableau annuel de l'Ordre, le Conseil de discipline, chargé de ce travail, a cru devoir y faire figurer, pour la première fois, la qualification d'*ancien bâtonnier*.

Cette simple addition, que rien ne faisait prévoir, a eu pour résultat de créer, par le fait, un *titre honorifique, permanent et public,* à raison de fonctions éminemment passagères et dont auparavant on ne trouvait de traces qu'en fouillant nos archives.

Cette addition, contraire aux principes d'ÉGALITÉ qui n'avaient jamais permis d'admettre à Bordeaux, entre les avocats, d'autre prééminence constante que celle résultant du *rang d'ancienneté,* a constitué dans l'Ordre deux catégories de personnes: celle des *dignes* et celle des *indignes,* celle des *membres honorés* et celle des membres anciens qui n'*avaient pas mérité de l'être;* car on ne doit pas naturellement supposer, dans un Ordre aussi distingué que celui des avocats, de petites passions, de petites rancunes et des exclusions systématiques à raison de dissidences sur des matières étrangères à l'exercice de la profession.

La mesure dont nous nous occupons et qui change en réalité la constitution du Barreau de Bordeaux, en établissant dans son sein une ARISTOCRATIE nouvelle bien caractérisée, a-t-elle été précédée, dans le Conseil de discipline, d'une délibération spéciale et *motivée,* ou bien est-elle le fruit d'une opinion spontanément admise sans examen, uniquement en vue de *ce qui se pratique à Paris?*

Nous l'ignorons complètement.

Toujours est-il que la chose s'est accomplie sans que l'Ordre ait en rien été consulté directement ni indirectement sur un fait qui porte l'atteinte la plus grave aux sentiments dont il a toujours été animé.

En 1869, le nouveau Conseil de discipline a persisté dans cette voie, quoiqu'il se fût élevé quelques protestations.

En 1870, la question doit être formellement résolue : l'honneur, la dignité de l'Ordre, l'intérêt de ses membres l'exigent impérieusement.

C'est à l'*Ordre entier* qu'il appartient de se prononcer, par un vote solennel, sur une question qui touche à l'une de ses plus importantes traditions.

Si toute délibération lui est interdite, s'il ne peut, aux termes de la législation qui nous régit, *voter que sur des noms*, la question de personnes doit devenir pour lui, dans ces circonstances, une question de principes : il a bien le droit de connaître, à l'avance, sur un point déterminé, l'opinion de ceux à qui il accorde ses suffrages.

L'Ordre des avocats de Bordeaux entend-il oui ou non, sans autre mobile possible que le désir de satisfaire quelques amours-propres, ou le besoin d'une imitation inintelligente et servile, RENONCER *à l'application de principes* dont ses prédécesseurs ne se sont jamais départis, même aux époques où la législation spéciale du Barreau semblait leur imposer l'obligation de le faire ?

S'il croit devoir aujourd'hui rompre définitivement avec son passé, qu'il le fasse, mais ouvertement, au grand jour, en connaissance de cause.

Ce n'est pas dans l'ombre et le silence qu'il doit laisser étouffer ses libertés.

La question mérite d'être sérieusement étudiée; nous allons entrer dans quelques détails sur ce point.

L'origine de notre Barreau, la part que ses membres ont *à toutes les époques* été appelés à prendre dans l'administration des affaires publiques, donnent une importance exceptionnelle à ce qui l'intéresse.

A chacun son devoir, à chacun sa tâche, à chacun la responsabilité de ses actes.

LE
BARREAU DE BORDEAUX

avant et après

LE 25 NOVEMBRE 1868

—

PREMIÈRE · PARTIE

—

HISTORIQUE

—

I

Les origines du Barreau de Bordeaux remontent à la plus haute antiquité. Bien avant l'institution des Parlements sédentaires, à une époque où notre ville jouissait d'une autonomie propre, la *Cour du Maire*, qui exerçait au nom de la cité une pleine juridiction, comptait des hommes consacrant leurs soins officiellement, avec le titre d'*avocats*, à la défense du droit des parties.

Lorsque le duel judiciaire était encore un mode d'instruction, chaque champion avait un *avocat*, qui exposait ses prétentions et plaidait sa cause, dans le langage du pays, avec toutes les précautions oratoires qu'exigeait la nature délicate de ces affaires.

Aux XIIe et XIIIe siècles, les *avocats* étaient soumis à un serment spécial, dont les formules nous ont été conservées.

Les prérogatives des *avocats* étaient si bien reconnues en justice, que leur présence, dans une cause, donnait lieu à des formalités déterminées.

Tout cela résulte des anciennes coutumes de Bordeaux, publiées en partie par les frères Lamothe, et dont les textes sont conservés aux Archives municipales de la ville.

Quand Louis XI, pour accomplir les promesses de Charles VII, établit un Parlement à Bordeaux, en 1462, la nouvelle magistrature se trouva donc en présence d'un *Barreau constitué,* qui n'avait rien de commun avec celui de Paris.

II

Nous savons que, jusqu'au milieu du XIIIe siècle, les principaux habitants de Bordeaux prenaient encore le titre de *citoyens*, et qu'ils répondaient aux agents du fisc royal, sur la question de leurs franchises, avec la dignité d'hommes libres convaincus de l'importance et de l'inviolabilité de leurs droits *(Manuscrit de Wolfenbuttel)*. Ces sentiments de noble indépendance, puisés dans les institutions romaines, n'étaient certainement pas éteints, en 1462, dans la corporation des avocats.

Sous les Parlements, l'égalité la plus complète régna donc entre les membres du Barreau de Bordeaux. Le privilége de l'*ancienneté,* si c'en est un, était le seul reconnu parmi eux.

Le premier inscrit au tableau portait le titre de DOYEN, et était le chef de l'Ordre. On ne connaissait point le nom de *bâtonnier.*

Seulement, pour l'administration des intérêts de la corporation, le Parlement choisissait deux *syndics* pris sur une liste de sujets que lui présentaient les avocats.

Nous avons plusieurs tableaux de ces époques, et jamais la qualification d'*ancien syndic* n'y figure.

Les avocats jouissaient, à Bordeaux, de la considération qui s'attache à leur profession dans tous les États jaloux de conserver leur liberté et leur indépendance. — Des six jurats qui ont composé pendant des siècles l'administration municipale de Bordeaux, deux étaient pris parmi la noblesse, deux *parmi les avocats,* deux parmi les bourgeois se livrant au négoce.

Tel était le barreau de Bordeaux jusqu'en 1790.

Parlons de celui de Paris.

III

Dans l'origine, le Barreau de Paris, comme celui de Bordeaux, ne reconnaissait d'autre privilége que celui de l'ancienneté.

Le chef de l'Ordre était le DOYEN (Merlin, *au mot* bâtonnier).

Mais voici par quelles circonstances singulières le doyen se trouva dépouillé de ses droits.

En 1342, les procureurs au Parlement de Paris fondèrent une *confrérie* sous le vocable de *Saint Nicolas*. Les femmes pouvaient en faire partie, ce qui lui ôtait bien certainement tout caractère professionnel. Le siége de la confrérie fut transféré dans une chapelle du palais et les avocats s'y affilièrent. Le chef de l'association prenait le nom de Batonnier, parce que, dans les cérémonies, il *portait le bâton* de saint Nicolas, patron de la confrérie, et avait l'avantage d'avoir ce bâton devant son banc, à l'église, pendant l'office !

Longtemps les procureurs et les avocats, quoique formant des corporations distinctes, ont été réunis sous le même bâtonnat. Il y avait des délibérations prises en commun, en ce qui concernait la marche des affaires judiciaires, les détails d'audience et la discipline, etc.

Le 3 mai 1782, les procureurs, jaloux peut-être de ce que le bâtonnier était toujours pris parmi les avocats, se séparèrent de la confrérie. A partir de cette époque, l'élection étant faite par les *avocats seuls*, le bâtonnier, chef de la confrérie, devint définitivement *chef de l'Ordre*.

Jusqu'à cette dernière époque, le doyen, quoique son rôle se fût de plus en plus effacé, devant la dignité des bâtonniers annuellement élus, jouissait encore d'une certaine autorité, puisqu'en 1602, quand il s'agissait des intérêts du corps des avocats, le bâtonnier eut soin de se faire assister du doyen.

Mais, à partir de 1782, le bâtonnier fut reconnu et proclamé chef suprême de l'Ordre, sauf l'autorité des Conseils de discipline.

Comme on le voit, le bâtonnat, dans toute sa plénitude,

n'a pas le prestige d'une bien haute antiquité. Il compte aujourd'hui à peine 88 ans de date.

Son origine est due à des circonstances assez étrangères à la constitution intime de l'Ordre des avocats.

Remarquons qu'à l'époque où les procureurs et les avocats de Paris formaient encore une même confrérie, le bâtonnier était assisté dans les délibérations « des *an-» ciens bâtonniers* et autres anciens avocats, en nombre » au moins égal à celui des procureurs de communauté. »

C'est probablement à raison de cette disposition qu'on a dû, depuis longtemps dans les tableaux du Barreau de Paris, conserver la qualification d'*ancien bâtonnier*, puisque cette qualification indiquait l'existence d'un droit *permanent*, celui de faire partie des conseils de la confrérie.

IV

Les principes d'*égalité* proclamés en 1789, et qui étaient de pratique immémoriale dans l'Ordre des avocats de Bordeaux, firent supprimer toutes les anciennes corporations.

Le titre même d'avocat se trouva proscrit.

Les hommes qui, sous le nouveau régime, consacraient leurs veilles à la défense du droit des parties, prirent le nom d'*hommes de loi*.

Il n'y eut plus d'Ordre d'avocats, plus de tableau, encore moins de confréries de Saint-Nicolas. Qu'advint-il même du bâton vénéré? qui sait?

Les hommes de loi furent inscrits à Bordeaux sur une simple liste dressée d'abord au hasard et ensuite par *lettre alphabétique :* c'était le moyen de ne blesser personne.

Les anciens avocats de Bordeaux, dont plusieurs ont laissé des traces qui appartiennent à l'histoire, prirent place sur ces listes où l'on voit paraître les noms de Brochon, Duranteau, Martignac, Emérigon, Lainé, Ravez, Roullet, etc., etc., et, en remontant plus haut, ceux des Vergniaud, des Guadet, des Gensonné, des Grangeneuve, pléiade d'orateurs et d'hommes politiques qui ont immortalisé la Gironde.

V

A la date du 22 ventôse an XII, nos législateurs, en constituant à nouveau les Écoles de droit, rétablirent le titre d'*avocat,* ils décrétèrent même la formation de tableaux ; mais on ne s'occupa point des dispositions réglementaires, sans lesquelles la prescription restait une lettre morte.

Dans la loi du 20 avril 1810 sur l'organisation judiciaire, il est encore parlé des avocats :

« La Cour (est-il dit sous l'article 9) fera connaître » ceux des avocats qui se feront remarquer par leurs lumières, leurs talents et surtout par *la délicatesse* et *le* » *désintéressement* qui doivent caractériser cette profes- » sion. »

La réglementation sur l'exercice de la profession d'avocat fut encore ajournée.

VI

Enfin, parut le décret du 14 décembre 1810.

La première formation du tableau fut confiée aux présidents et procureurs généraux des Cours impériales, etc.

Des Conseils de discipline furent institués dans les Barreaux où le nombre des avocats était supérieur à vingt.

Pour former ces Conseils, l'Ordre était convoqué par le *bâtonnier* (c'est la première fois, à notre connaissance, que ce nom spécial, comme nous l'avons vu, à l'ancien Barreau de Paris, se trouve appliqué à tous les autres).

L'Ordre nommait un nombre double de candidats pour le Conseil de discipline, ces candidats devaient être choisis parmi les deux tiers plus anciens dans l'Ordre du Tableau ; et sur cette liste le procureur général nommait les membres du Conseil de discipline ; le même magistrat nommait parmi les membres du Conseil un *Bâtonnier*, pour être chef de l'Ordre, etc., etc.

Cette organisation éminemment autoritaire, comme d'ailleurs tout ce qui émanait du premier empire, créait un ordre de choses bien différent des anciennes pratiques de notre Barreau bordelais.

Mᵉ MARTIGNAC père fut le premier avocat revêtu à Bordeaux du titre de *Bâtonnier, chef de l'Ordre.*

Nous trouvons ensuite successivement, avec le même titre :

Mᵉˢ ALBESPY, DÉNUCÉ, BUHAN aîné, ÉMÉRIGON, GER-

GERÈS, ROULLET, LULÉ DÉJARDIN, RAVEZ, DEGRANGE-TOUZIN, Pascal BUHAN et de SAGET.

Aucun de ces hommes qui ont à peu près tous imprimé dans nos annales des souvenirs inneffaçables ne parait avoir songé, à l'expiration de son bàtonnàt, à faire suivre son nom de la qualification *d'ancien bâtonnier*. Ils auraient considéré un pareil acte comme injurieux pour leurs confrères, et contraire aux traditions de l'Ordre qui n'admettaient pas de semblables distinctions.

C'est seulement aux époques de décadence qu'on essaie de suppléer par l'éclat des titres au défaut de mérite des individus.

VII

Sous la Restauration, l'organisation du Barreau fut de nouveau modifiée.

Par son ordonnance du 20 novembre 1822, Louis XVIII « voulant (dit-il) rendre aux avocats la plénitude du droit » de discipline, qui, sous les rois ses prédécesseurs, » élevait au plus haut degré l'honneur de cette profes- » sion » prescrivit les dispositions suivantes :

Le tableau des avocats dut être disposé en colonnes, la répartition en fut confiée aux *anciens bâtonniers*, et aux Conseils de discipline en exercice.

Le Conseil de discipline dût désormais se composer :

1° Des avocats qui avaient déjà exercé les *fonctions de bâtonnier ;*

2° Des deux plus anciens de chaque colonne;

3° D'un secrétaire pris parmi les anciens avocats.

Le bâtonnier et le secrétaire étaient nommés par le Conseil de discipline.

Voici encore l'institution des bâtonniers, dont nous connaissons l'origine, appliquée à tous les Barreaux de France, quoiqu'ils n'eussent pas tous possédé, sous les rois prédécesseurs de Louis XVIII, une confrérie de Saint-Nicolas.

Mais on est si habitué chez nous à se payer de mots que tout fut accepté sans conteste.

Est-ce bien cependant aux institutions telles que les règle l'ordonnance de 1822 qu'il est possible d'attribuer l'antique illustration du Barreau? N'est-ce pas au contraire à ses anciennes franchises, à l'absence chez lui de tous ces priviléges, de toutes ces préférences de convention qui jettent trop souvent des barrières infranchissables devant les pas d'un homme de mérite?

Dans un Ordre où régnait l'égalité la plus absolue, où chacun respectait religieusement sa dignité et celle de chacun de ses confrères, il n'y avait de place que pour une noble émulation. Voilà ce qui dans les temps anciens éleva à un aussi haut point l'honneur et la gloire du Barreau. Ce ne fut certes pas l'institution des bâtonniers *chefs de l'Ordre* dont la durée n'avait été que de 8 ans, de 1782 à 1790.

L'ordonnance faisait fausse route à tous les points de vue : mais c'était la loi, il fallut s'y soumettre.

Une de ses dispositions fournissait un motif plausible pour inscrire, sur les nouveaux tableaux, la qualification *d'ancien bâtonnier*, puisqu'elle leur conférait le *droit permanent* de faire partie du Conseil de discipline. A chaque année, quand on devait nommer le nouveau bâtonnier, il était bien plus facile de prendre sur le tableau le nom des anciens que d'aller fureter pour cela les vieux papiers de l'Ordre.

Eh bien! le Barreau de Bordeaux n'adopta pas cette mesure ; il préféra s'en tenir à ses anciens usages ;

Le principe d'égalité prévalut.

C'est que, dans la pensée de nos anciens, le *titre nu* D'AVOCAT suffisait pour honorer complètement un homme.

Il est vrai que sans autre titre on se trouvait en bonne compagnie avec les Duranteau, les Ferrère, les Lainé, les Peyronnet, etc., bien qu'ils n'eussent pas pu ajouter à leur nom la qualité *d'ancien bâtonnier*, puisqu'ils ne l'ont jamais été!

VIII

En 1830, les idées qui prévalaient dans l'ordre politique ne permettaient pas de s'en tenir, quant aux avocats, aux anciennes règles, plus ou moins heureusement ressuscitées en 1822 : il est vrai qu'elles ne méritaient guère qu'on les conservât ; il en eût été autrement des règles vraiment antiques.

La palme fut donnée à l'élection directe, système beaucoup plus aristocratique qu'égalitaire : car tout homme choisi se croit supérieur aux autres, quoique ce ne soit pas toujours avec juste raison.

Il fut permis aux avocats de plaider librement partout, sans autorisation. Une entrave de moins, ce fut un progrès.

Les tableaux par colonnes, désormais sans objet, furent supprimés.

La nomination du bâtonnier et celle du Conseil de discipline furent conférées au vote de l'Ordre entier.

Si la qualification d'ancien bâtonnier pouvait avoir sa raison d'être, sous l'ordonnance de 1822, où les avocats revêtus de cette qualité étaient de droit membres du Conseil de discipline, il n'en fut plus de même à partir du 7 août 1830.

Nous n'avions pas à Bordeaux besoin de renoncer à cette qualification, puisqu'elle n'avait jamais été acceptée; si on n'y renonça pas ailleurs, ce ne put être que par un respect aveugle pour un usage déjà établi.

Sous l'ordonnance du 7 août, on ne trouve donc, dans aucun de nos tableaux, la qualification d'ancien bâtonnier.

IX

Au commencement de l'année 1852, le chef du pouvoir exécutif, Président de la République, ou quoi que soit, ses ministres trouvèrent « que l'élection directe du bâ-
» tonnier par les membres de l'Ordre n'offrait point une
» suffisante garantie de la sincérité des choix. »

En conséquence, par décret du 22 mars, l'élection du bâtonnier fut enlevée à l'Ordre pour être confiée au Conseil de discipline, dont les membres continuèrent cependant à être nommés par les suffrages de l'Ordre entier.

Aucun privilége, aucune prérogative, aucun droit spécial n'est accordé aux anciens bâtonniers qui, à l'expiration de leurs fonctions, restaient au tableau comme jadis avec leur rang d'ancienneté.

Pendant quinze années consécutives, les élections ont eu lieu conformément aux prescriptions du décret de 1852 ; la nomination des bâtonniers a offert, sans doute, toutes les garanties possibles de la sincérité des choix et, cependant, dans les quinze tableaux dressés sous leur administration, on n'a pas accordé à ceux qui avaient été revêtus du titre de bâtonnier la plus petite note qui fût relative à leurs fonctions passées. Aucun des tableaux ne porte la qualification d'ancien bâtonnier.

X

A la fin de l'année judiciaire de 1867-1868, les élections annuelles eurent lieu.

Le nouveau Conseil, à la date du *25 novembre 1868*, dresse le tableau de l'Ordre pour l'année judiciaire 1868-1869.

Dans ce tableau, qui doit faire époque chez nous, parut, pour *la première fois*, à Bordeaux, la qualification d'ANCIEN BATONNIER, à la suite du nom de chaque membre de l'Ordre qui en avait été le chef à une époque quelconque.

Le tableau arrêté en Conseil de discipline, à *huis clos*, selon l'usage, fut immédiatement livré à l'impresssion et publié à l'ordinaire.

Comme rien ne faisait pressentir l'innovation qui avait eu lieu, elle passa inaperçue pour la plupart, on pourrait dire la presque totalité des membres du Barreau. On ne s'occupe guère à lire ou commenter une pièce dont la rédaction n'offre de nouveau que des suppressions et des additions généralement connues à l'avance.

XI

En 1869, de nouvelles élections eurent lieu, un nouveau Conseil, composé en partie des mêmes membres que le précédent, fut institué.

Vers la fin de novembre 1869, on s'occupa de la rédaction du nouveau tableau.

L'ancien fut alors déployé, dans la chambre des avocats, sur la table, afin que chacun pût proposer les rectifications qui le concernaient.

C'est alors que quelques membres furent péniblement affectés de l'*innovation* qui s'offrait à leurs yeux.

Des réclamations assez vives surgirent, quelques protestations verbales eurent lieu;

Mais le nouveau Conseil passa outre en suivant identiquement les traces de celui qui l'avait précédé.

XII

Dans quelques jours, l'élection d'un nouveau Conseil aura lieu, un nouveau tableau devra être formé.

Il s'agit de savoir si les nouveaux élus devront suivre la trace de nos.... *novateurs*, ou celle des hommes éminents qui les ont précédés.

Nous avons exposé les faits, reste à examiner si l'*innovation* dont il s'agit peut être raisonnablement justifiée.

———

DEUXIÈME PARTIE

DISCUSSION

I

Lorsqu'une corporation aspire à la considération publique, lorsqu'elle se fait gloire de conserver intactes les traditions honorables que lui ont léguées ses prédécesseurs, elle ne peut, sans des motifs sérieux, rompre avec un passé d'où elle tire principalement son lustre.

Qu'une innovation législative lui impose cette obligation, elle doit la subir, quelque regret qu'elle en éprouve. Serviteurs de la loi, nous devons toujours être prêts à l'exécuter, même contre nos vœux et nos intérêts.

Qu'un usage *suranné* ne soit plus en rapport avec les mœurs et les institutions d'une époque, on peut aussi renoncer à cet usage, sans être pour cela taxé de légèreté et d'inconséquence.

Mais aussi lorsqu'on a commis la faute de prendre une détermination que rien ne justifie, il est honorable de reconnaître ses torts et de rentrer dans la voie qu'on n'aurait jamais dû abandonner.

Or, est-ce à bon droit, sur des motifs justes et légitimes, que pendant deux années les Conseils de discipline de l'Ordre des avocats de Bordeaux ont rompu avec les anciens usages de l'Ordre?

Ces motifs nous les cherchons vainement.

L'innovation est constante et indiscutable, l'exposé historique qui précède l'a complètement démontré.

Rien dans la législation ne la justifie.

Pourquoi donc avoir changé ce qui depuis des siècles se pratiquait constamment chez nous?

On ne supposera certainement pas que nos anciens bâtonniers, que ces hommes toujours considérés comme les dépositaires fidèles des traditions de l'Ordre dont ils ont eu l'honneur d'être les chefs, aient voulu créer désormais à leur profit des *distinctions honorifiques* que leurs prédécesseurs n'ont pas connues; qu'ils ont voulu par amour-propre ou par intérêt s'attribuer une *suprématie* que la loi ne reconnaît point et que nos mœurs repoussent.

De pareils désirs condamneraient leur conduite, au lieu de la justifier. (1)

Telle n'a pas dû être, telle n'a pas été leur intention.

______

(1) Le hasard donne lieu à de curieux rapprochements statistiques. Dans le Conseil de 1868 (l'auteur de l'innovation), de tous les membres qui le composaient un *seul* n'avait pas été bâtonnier, mais il l'a été l'année suivante.

Dans le Conseil de 1869, sur neuf membres, on compte huit anciens bâtonniers. Un seul n'en a pas encore le titre !

II

Le seul motif que nous ayons entendu alléguer en faveur de l'innovation est celui-ci :

« On a fait ce qui se pratique à Paris, ce qui se pratique
» ailleurs. »

Singulier motif pour des hommes qui s'offenseraient à bon droit, si on les comparait aux moutons de Panurge.

Font-ils cependant autre chose !

Si l'innovation *importée* à Bordeaux est conforme à ce qui se pratique ailleurs, avant de se l'approprier, il faudrait prouver qu'elle est raisonnable et même qu'elle est *utile*, sinon *nécessaire*, qu'on a, pour l'adopter, les motifs qui l'ont fait adopter ailleurs, et enfin, qu'elle n'offre pas à Bordeaux des inconvénients dont ailleurs elle est exempte.

III

Ailleurs est un mot par trop vague, il ne dit rien et se refuse à toute discussion.

On a parlé de Paris, — soit, — c'est Paris seulement qu'on peut avoir imité ailleurs, et peut-être sans plus de raison qu'on n'en a pour l'imiter à Bordeaux. Il ne peut y avoir de doute sur ce point, car les noms de *bâtonnier* et d'*ancien bâtonnier* sont empruntés aux usages du

Barreau de Paris, et exclusivement à ces usages. Où trouverait-on ailleurs l'origine du nom et des fonctions de *bâtonnier* ?

IV

Qu'à Paris où, sous les Parlements, les *anciens bâtonniers* faisaient, à raison de cette seule qualité, partie des Conseils de discipline, on ait donné place dans les tableaux à l'énonciation de cette qualité, cela se conçoit.

Qu'à Paris, où l'on a pu, conformément même aux anciens usages, chercher à faciliter l'exécution de l'ordonnance de 1822, qui donnait aux *anciens bâtonniers* le droit de faire partie des Conseils, on ait maintenu aux tableaux la qualification d'ancien bâtonnier, cela se conçoit.

Que cette qualification ait été conservée par la force de l'habitude, même après qu'elle est devenue sans objet, d'abord par la suppression des anciennes corporations en 1790, ensuite par l'abrogation de l'ordonnance de 1822 en 1830, cela se conçoit encore.

Mais qu'à Bordeaux où, sous le Parlement, il n'y avait pas de bâtonniers, où sous l'ordonnance de 1822 on n'avait pas admis la qualification d'ancien bâtonnier, quoiqu'elle pût alors être utile ; qu'à Bordeaux on renonce à nos anciens usages pour imiter ce qui se fait ailleurs, sans motif qui nous soit applicable, c'est bien d'une logique dont on trouverait rarement des exemples.

Nos novateurs de 1868 l'auraient bien compris eux-mêmes, s'ils avaient réfléchi un seul instant sur la mesure, qu'ils ont prise.

Que penser d'eux en effet, s'il en était autrement ?

Rien ne justifie leur acte ; il y a plus : le malencontreux emprunt fait aux usages de Paris offre à Bordeaux des inconvénients d'une nature spéciale.

V

Lorsqu'un usage ancien, même illégitimement conservé, existe, il n'a rien de choquant ; la force de l'habitude fait passer sur ce qu'il peut avoir d'irrationnel, d'injuste, même de faux.

C'est le contraire qui a lieu quand un usage est tout-à-coup transporté dans des lieux où il était inconnu.

Si depuis longtemps, depuis plus de quarante ou cinquante ans, la qualification d'ancien bâtonnier est admise dans la rédaction du tableau de l'Ordre, les avocats qui s'y sont fait admettre sous l'empire de cet usage, ont très-bien su à *quelles conditions* ils y entraient. C'était à eux ou à ne pas se faire inscrire ou à prendre leurs précautions en conséquence. Ils avaient toute latitude à cet égard.

En est-il de même à Bordeaux pour les avocats inscrits avant 1868 ?

Pouvaient-ils prévoir que, trente ou quarante ans après leur réception, un Conseil de discipline pourrait *par un pur caprice* changer de fond en comble les usages sous l'empire desquels ils s'étaient engagés dans la carrière du

Barreau ? A-t-on le droit de leur imposer subitement, après coup, un régime qu'ils auraient repoussé ou contre lequel ils se seraient prémunis, s'ils avaient pu le prévoir ? A cette question le plus vulgaire bon sens dicte la réponse. — Non.

VI

Ce n'est certes pas toujours le mérite réel et absolu, même dans l'Ordre des avocats, qui préside aux choix faits par voie d'élection. Le décret de 1852 le déclare formellement : nous ne nous serions pas autrement permis de le dire.

Est-il bien certain dès lors que tous, absolument tous les membres du Barreau, dont le vote, dans telle et telle circonstances, s'est porté sur tel et tel personnage, avec la pensée qu'il lui était conféré un droit purement *temporaire* et annuel, auraient pris la même direction, si l'on avait pu croire alors qu'il allait lui être conféré un titre perpétuel de suprématie ?

N'a-t-on pas pu, dans le premier cas, avoir égard à des *considérations* auxquelles, dans le second, on aurait, en vue de l'intérêt général, absolument imposé silence ? Quelle peut donc être la valeur d'une nomination ainsi *dénaturée dans ses effets*, lorsque le simple déplacement de quelques voix l'aurait infailliblement compromise.

Agir comme on le fait, n'est-ce pas abuser après coup d'une ancienne nomination en lui donnant une portée qu'elle n'avait pas quand elle a été faite.

Il faudrait être bien avide d'honneurs immérités pour passer outre à cette considération.

Il serait difficile de comprendre que des hommes honorables consentissent *de propos délibéré* à s'affubler ou à se laisser affubler sur le tableau des avocats d'un titre sans valeur, et que rien ne donne le droit d'y inscrire.

VII

Peut-on dire avec vérité, avec certitude, que l'on fasse à Paris le même usage qu'à Bordeaux du tableau officiel des avocats? S'il en est autrement, et nous avons tout lieu de le croire, l'innovation a des conséquences encore plus fâcheuses.

A Bordeaux, on affiche le tableau dans les greffes, il est inséré intégralement dans les annuaires; le public est ainsi initié à tous les détails qu'il contient.

En est-il de même à Paris? Voici un fait qui semble prouver le contraire.

Dans l'Almanach *Bottin,* nous voyons qu'au lieu du *tableau* des avocats du Barreau de Paris, on en publie seulement la LISTE ALPHABÉTIQUE, ce qui est bien différent; et dans cette liste IL N'EST PAS FAIT MENTION DU TITRE D'ANCIEN BATONNIER.

Ainsi, sur cette liste, les avocats sont absolument tous placés sur la même ligne, chacun ne trouve de recommandation que dans son propre mérite, dans la notoriété qui se rattache à son nom, on n'a même pas égard *au rang d'ancienneté.* C'est encore plus radical qu'à Bordeaux.

Si, à la suite du nom de quelques membres du Conseil de discipline en exercice, se trouve la qualification d'*ancien bâtonnier*, cela ne tire en rien à conséquence. Les membres du Conseil de discipline changent chaque année, la qualification disparaît à chaque mutation. Quatre ou cinq noms seulement portent accidentellement ce titre, le silence le plus absolu est gardé sur les autres membres de l'Ordre, qui pourraient y avoir droit. Il est donc impossible au public d'établir, comme il peut le faire aujourd'hui à Bordeaux, une *comparaison constante* entre ceux qui ont été et ceux qui n'ont pas été bâtonniers, et d'en tirer des conséquences.

A Paris, la qualification est un fait incontestablement inutile, mais *sans portée*; à Bordeaux, elle devient, qu'on l'ait ou non voulu, qu'on l'ait ou non compris, elle devient UNE RÉCLAME.

Il importe, selon nous, à la dignité de l'Ordre des avocats de Bordeaux qu'un pareil état de chose cesse.

Tant pis pour l'honneur de ceux qui n'en sentiraient pas la nécessité.

Bordeaux. — Imprimerie centrale A. DE Lanefranque, rue Permentade, 23-25.